BARTHÉLEMY CHAIZE

JÉSUS SUR LA TERRE

POÉSIES

Avec Préface et Lettre à Mgr DUBREUIL,
Archevêque d'Avignon.

> Triste... Triste...
> GŒTHE.

L'Enfant prodigue.

La Femme adultère.

La Resurrection de Lazare.

AVIGNON
IMPRIMERIE ADMINISTRATIVE GROS FRÈRES
Rue Géline, N° 3.

—

1865

BARTHÉLEMY CHAIZE

JÉSUS SUR LA TERRE

POÉSIES

Avec Préface et Lettre à Mgr DUBREUIL,
Archevêque d'Avignon.

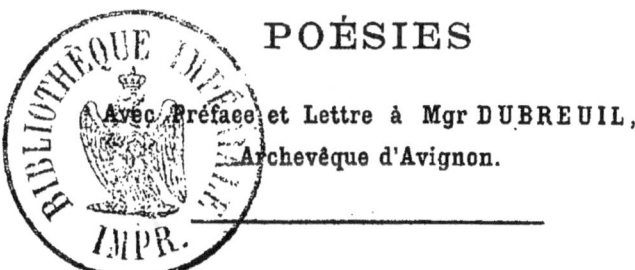

> Triste... Triste...
> GOETHE.

L'Enfant prodigue.

La Femme adultère.

La Resurrection de Lazare.

AVIGNON
IMPRIMERIE ADMINISTRATIVE GROS FRÈRES
Rue Géline, N° 3.

1865

AVIS AU LECTEUR

Nos amis s'attendant à lire en tête de notre opuscule, à la place d'honneur, le nom de Monseigneur Dubreuil, archevêque d'Avignon. Nous sommes obligé de leur apprendre que Sa Grandeur nous a retiré la permission qu'elle nous avait donnée de lui dédier nos poésies.

Cet incident, que nous aurions cru impossible de la part d'un si grand prélat, nous a fait une pénible impression, nous l'avouons.

Indépendamment de notre cœur de poète, qui a été profondément touché, il y a une corde vulgaire que Monseigneur Dubreuil n'a même pas su ménager, peut-être à dessein.....

Quoi qu'il en soit, nous revendiquons le droit de la justice, le droit de protester contre le procédé d'un dignitaire de l'Église, qui a cru tout faire, tout concilier, en nous faisant dire *ex abrupto*, par une personne étrangère à son palais, que sa parole d'hier n'était pas celle d'aujourd'hui.

Un archevêque n'est pas tenu d'être diplomate, c'est vrai; mais notre opinion est celle-ci : c'est que, quelque élevé que soit un archevêque dans l'ordre hiérarchique, il n'est jamais assez grand pour se passer de politesse envers un homme de cœur ! La lettre suivante, adressée à Monseigneur Dubreuil, est restée complètement sans réponse. Monseigneur Dubreuil a été très-prudent, en agissant ainsi à notre égard, car il lui eût été impossible de se disculper de sa conduite. Son silence vaut mieux. Nous applaudissons des deux mains. Cette lettre, la voici :

MONSEIGNEUR,

N'ayant pu pénétrer hier en votre palais archiépiscopal et ne sachant si les rares instants de loisir de Votre Grandeur vous permettront de me recevoir bientôt, je viens hasarder un mot au sujet de la rétractation que vous avez jugé à propos de donner à votre parole épiscopale : je veux parler de l'hommage de mon opuscule poétique, que Votre Grandeur m'avait fait l'honneur d'accepter, et que, par un revirement subit et inexplicable, vous n'agréez plus.

M. Aubanel, à qui vous avez donné mission de m'informer de cette décision trop tardive, m'a expliqué les raisons qui vous déterminent à agir ainsi, raisons que vous me permettrez néanmoins, Monseigneur, de trouver très-futiles et très-peu sérieuses.

En effet, il m'est tout-à-fait impossible de comprendre que Votre Grandeur puisse redouter l'hommage des œuvres d'un poète agissant dans le seul but de montrer son profond respect envers l'Église et ceux qui la dirigent.

J'ai cru naïvement que votre personnalité d'évêque, entièrement indépendante de l'œuvre modeste qui lui était dédiée, n'eût été là que pour attester une seule chose : l'humilité de l'auteur.

Si un inconnu prenait un jour, poussé par un bon mouvement, la fantaisie — cela pourrait arriver — de vous offrir un bouquet de son jardin, auriez-vous le courage, Monseigneur, de le refuser, ou, l'ayant accepté, de le rendre après coup?....

Le prétexte que cette acceptation servirait de guide à d'autres personnes ne serait-il pas une dureté, une marque évidente d'égoïsme?

Et le poète, quel but peut-il avoir en prenant spontanément l'initiative, et en offrant à Votre Grandeur son poétique bouquet? Oh! assurément aucun but qui ne soit honnête et empreint de désintéressement. Généralement, le poète est grand par le cœur, sinon par le rang social. Il aime à marcher le front haut et à être exclusivement le fils de ses œuvres!

Ceci est un fait, Monseigneur; vous devez en reconnaître la vérité mieux que tout autre, vous que la nature a fait aussi poète, c'est-à-dire sensible, humain, libéral.

J'en appelle à votre sentiment; à ma place, ne seriez-vous pas intimement blessé de ce manque de parole? Cette assimilation est peut-être aussi déplacée que la demande qui l'accompagne; mais veuillez vous rappeler, Monseigneur, ce que j'ai eu l'honneur de vous dire dans ma visite.

Ne vous ai-je pas franchement, loyalement engagé à ne me livrer votre assentiment que de votre propre chef? Eh bien! puisque telle a été ma manière d'être, pourquoi donc revenir rétroactivement sur ce qui était parfaitement arrêté?

Avec la nature indépendante et la loyauté que je me connais — permettez-moi de l'avouer — croyez-vous, Monseigneur, que si je n'eusse déjà informé quelques personnes de votre adhésion complète à ma dédicace, je viendrais vous entretenir si longuement? Je le voudrais que ma dignité ne me le permettrait pas. Ainsi, Monseigneur, réfléchissez. Refuser maintenant ma dédicace, c'est me compromettre, littérairement parlant, aux yeux de toutes les personnes à qui je me suis ouvert là-dessus, c'est surtout dédaigner une poésie que Votre Grandeur estime belle et digne, ce dont je suis flatté, et mépriser la parole donnée.

Veuillez je vous prie, Monseigneur,
agréer l'assurance de mes sentiments distingués.

Barthélemy CHAIZE.

Avignon, le 15 juin 1865.

Triste... Triste...
Gœthe.

PRÉFACE

Lecteur, vous connaissez la littérature romantique contemporaine, n'est-ce pas ? Vous savez ce que valent Eugène Sue, About, Ponson du Terrail, *les Misérables* de Victor Hugo, ce très-contestable géant de l'art des vers, dont la renommée d'inspiré des Muses s'est évanouie du jour où il a eu la velléité de copier Henry Murger, un beau nom encore, celui-là, puisqu'il sert d'ornement à la *Vie de Bohème !*

Vous avez lu aussi Alfred de Musset, ce poète fantaisiste qui a créé tant d'œuvres légères, fait parler tant de Don Juan infâmes. Rappelez-vous Don Paëz, Garuli, Mardoche, ce sont les portraits de Don Juan sous diverses faces et dans divers pays. Frank est encore Don Juan, mais Don Juan sous le manteau de Faust. L'adolescent a quitté ses jouets pour un livre ; mais bientôt le livre l'ennuie comme les jouets, et il le jette avec dégoût. Don Juan éteint le feu sacré de son intelligence dans l'orgie et la débauche, et sous le nom de Rolla, il vient passer sa dernière nuit chez une prostituée !...

Vous ne comprenez pas, nous en sommes certain, que l'on ait des chants pour la jeunesse coupable, la folie, le matérialisme épicurien. Tant de lubricité dans le développement des passions, des sentiments des personnages qu'il met en scène, vous a révolté assurément, et vous avez plaint et blâmé tout à la fois, de concert avec M. de Lamartine, ce grand talent qui a consenti, joyeusement, hélas ! à salir sa lyre d'or (1).

Voyez pourtant la dépravation des mœurs et l'influence destructive d'une telle poésie : de son temps, Musset était l'idole trois fois sacrée de la jeunesse étudiante, dont il a flatté par tendance les vices honteux, et aujourd'hui encore ses vers lui servent de pâture, tant il est vrai que le mal commence là où le bien finit...

Le dirons-nous ? nous connaissons un ministre protestant, c'est-à-dire un homme éclairé, instruit, qui se repaît avec délices de Musset, et le met de bonne foi bien au-dessus de Racine et de Corneille.

Quid prodest, si quis catholice credat, et gentiliter vivat ?

Ne vous indignez-vous pas? Les ravissantes mélodies d'Esther, les beautés hors ligne de Polyeucte, ne vous reviennent-elles pas à la mémoire, et ne sont-elles pas la contre-partie de l'affirmation hétéroclite de ce pasteur aveugle ?

(1) Voir sa bibliographie des œuvres de Musset.

En commençant, nous nous sommes permis de vous demander si vous connaissiez les dramaturges réalistes de l'école de Sue et consorts ; savez-vous pourquoi, lecteur bénévole ? pour vous faire notre profession de foi, vous avertir que nous sommes absolument étranger à ces démoniaques du romantisme, en tout et partout. Et nos raisons les voici : le roman, nous l'avons en horreur, parce qu'il fausse le goût, pervertit les âmes neuves et naïves, et pousse les jeunes filles au déshonneur souvent, au dévergondage d'esprit toujours ! Nous l'avons en horreur enfin : parce qu'il circule dans le peuple qu'il séduit en flattant lâchement son matérialisme épais, l'égare sur l'état social, la religion, et l'anime d'une profonde animosité contre tout ce qui est saint, noble, auguste, conséquemment le principe vivifiant d'une civilisation durable et régulière.

Regardez le 17me siècle : il est irréprochable sous le rapport des doctrines. Mais voyez le siècle suivant, avec sa littérature en décadence, le philosophisme acharné et haineux de Voltaire, la sophistique plus sérieuse de Rousseau, mais non moins exempte d'erreurs, ainsi que les criailleries encyclopédiques du cénacle du baron d'Holbach ; que d'inconséquences et d'arguments pervers et mensongers ! quelle passion irrésistible dans le mal et quelle révolte déclarée contre le bien ! Dites-nous ensuite si ces hommes ne furent pas les instigateurs et les précurseurs de la révolution, et ont avancé notre société en la faisant surgir du cratère vivant de leurs passions ? — Ah ! notre siècle est assez sur la pente de la destruction, inutile d'y ajouter comme corollaire le poison des mauvaises productions de l'intelligence ! Notre siècle ! il s'en va dans le gouffre odieusement creusé par les faiseurs de comédies, les vendeurs d'ordures, les prostitués de la plume et le libre examen des sophistes pyrrhoniens.

Douteriez-vous de ce que nous avançons, et croiriez-vous que notre époque est vraiment l'époque du bien et la renaissance du goût? Alors écoutez Barbier dans son rude langage, et vous serez dissuadé :

> Hélas ! nous vivons dans un temps de misère,
> Un temps à nul autre pareil
> Où la corruption mange et ronge sur terre,
> Tout ce qu'en tire le soleil !

Nous, déclarons-le vite, nous avons une foi, une religion. Adorant Dieu et nous humiliant devant la magnificence de ses œuvres, nous croyons au Christ fermement, inviolablement : notre vie de Jésus-Christ, dont les sujets suivants sont tirés, en est un éclatant témoignage. Là où l'hébraïsant Ernest Renan voit imposture, nous voyons vérité, vérité éternelle. Nous ne sommes pas assez libre penseur pour qualifier la réforme révélée de Jésus de « légende. » Nous ne connaissons ni l'hébreu ni la linguistique sémitique; mais nous avons puisé dans le latin et le grec, que nous avons le bonheur de connaître un peu, de quoi répondre à tout impie se croyant en droit de publier des hérésies semblables à celles-ci, par le plus formel démenti :

(Voyez *Vie de Jésus*, par Renan).

« Rappelons-nous que la première pensée de Jésus,
» pensée tellement profonde chez lui qu'elle n'eut
» probablement pas d'origine et tenait aux racines
» mêmes de son être, fut qu'il était le fils de Dieu,
» l'intime de son Père, l'exécuteur de ses volontés. La
» réponse de Jésus à une telle question ne pouvait être
» douteuse. La persuasion qu'il ferait régner Dieu s'em-
» para de son esprit d'une manière absolue. Il s'en-

» visagea comme l'universel réformateur. Le ciel, la
» terre, la nature tout entière, la folie, la maladie et
» la mort ne sont que des instruments pour lui. Dans
» son accès de volonté héroïque, il se croit tout-puis-
» sant. Si la terre ne se prête pas à cette transformation
» suprême, la terre sera broyée, purifiée par la flamme
» et le souffle de Dieu. Un ciel nouveau sera créé, et le
» monde entier sera peuplé d'anges de Dieu. »

— Que de ténèbres dans cette tirade gigantesque! et combien nous comprenons peu M. Renan dans cette pensée extraordinaire et si profonde qu'il donne à Jésus, qu'elle n'eut pas d'origine chez lui ! pensée qui le conduit néanmoins tout droit — admirez la filiation — à faire régner Dieu sur la terre et à s'envisager comme le destructeur de la loi mosaïque.

Le raisonnement est parfait; mais voyons M. Renan dans l'explication qu'il donne des miracles de Jésus, c'est encore mieux.

Lazare n'était pas mort — ni enterré : il n'était que malade; fable pure. Les possédés sont des fous momentanés qu'il est très-facile de guérir ; un mot à propos, un regard pénétrant, voilà le baume du Nazaréen. Jusque là, vous aviez cru que les affres de la mort avaient plongé la fille de Jaïre dans la *nuit noire*. — Je vous demande pardon, c'est une mauvaise expression de la sorcière de Michelet, et je la souligne, détrompez-vous ! de sa vie, Jésus n'eut la puissance de ressusciter la matière, car il était si simple et si peu au courant des choses d'ici-bas « qu'il ne conçut jamais la société
» aristocratique que comme un jeune villageois qui
» voit le monde à travers le prisme de sa naïveté, et
» la cour des rois comme un lieu où les gens ont de
» beaux habits. »

A-t-on bien compris ? Le Christ ne connut ni le monde ni le milieu dans lequel il vécut ! Le monde, qu'il domina de toute la hauteur de sa puissance divine ; le monde, qu'il fit sortir du néant et qu'il forma, dont il est le père infini, immense ; le monde, qu'il vint glorifier et régénérer par sa morale, par sa doctrine du ciel ; le Christ, ce réformateur admirable de toutes les lois fondées sur la morale humaine, dont il est l'essence ; le Christ prédit, annoncé, est comparé, ô injure sanglante ! à un misérable paysan, dont l'intelligence obtuse ne saisit, n'approfondit rien !!...
— Nous ne stigmatiserons pas l'auteur de cet abaissement infâme, incompréhensible : non ! nous nous contenterons de le plaindre, de déplorer sincèrement ses erreurs. Le jour de la vengeance terrible, le jour de Jéhovah sonnera assez tôt pour son crime de lèse-divinité. Laissons-le donc avec ses œuvres de dévastation corruptrice. Dieu le jugera, lui qui l'a jugé si mal ; et ce jugement de l'éternité sera son châtiment !

. . . .

Quant à nous, nous travaillons pour Dieu et la patrie, *pro Deo*, *pro patriâ !* Antagoniste déclaré de l'égoïsme sordide et des spéculations de la plume, nous agissons dans un but exclusivement humanitaire. Eh ! pourquoi faisons-nous des vers, sinon pour proclamer nos croyances, les propager partout où la Providence nous conduit, participer au bien de la société, et réconforter les âmes dans la religion, sans laquelle il n'y a ni bonheur stable ni espérance dans les cœurs ?

La vanité n'est pour rien dans notre œuvre, notre unique prétention est d'être un simple champion de la foi cherchant à rallier à notre cause, avec le secours de la poésie, tous les hommes convaincus, tous les hommes de bonne volonté. Nos efforts restassent-ils vains, nous aurons au moins la consolation d'avoir fait notre devoir, essayé d'être utile à la patrie, à la religion, et d'avoir accompli dans sa plus large expression la devise du citoyen de Genève : *Vitam impendere vero !*

Maintenant, bon lecteur, lisez nos poésies et soyez bienveillant !

Barthélemy CHAIZE.

L'ENFANT PRODIGUE

Pour exprimer combien un profond repentir
Est agréable au ciel qu'il va toujours fléchir,
D'un voile ingénieux entourant ses paroles,
Souvent le Fils de Dieu parlait en paraboles ;
Ses figures plaisaient à des esprits émus ;
Or, un jour à la foule ainsi parla Jésus :

« Un homme avait deux fils ; l'un d'eux lui dit : Mon père,
» Donne-moi, s'il te plaît, ma part héréditaire.
» Le père à ses enfants partage tous ses biens ;
» Le plus jeune aussitôt réalise les siens,
» Et dans l'ardent désir de voir et de connaître,
» Il s'éloigne, insensé, des lieux qui l'ont vu naître !...
Prodiguant des trésors avec peine amassés,
Dans les hasards du jeu ses biens sont dispersés,
Et tous ces faux plaisirs que lui montraient ses songes,
Font briller à ses yeux leurs décevants mensonges;
L'or comme en un creuset se fondit sous ses pas.
Enfin, un jour d'ivresse, au sortir d'un repas,
Sur un coup malheureux sa ruine s'achève,
Et de son patrimoine il lui restait.... un rêve !
Alors, lui qui naguère habitait des châteaux,
Est réduit tout-à-coup à garder des pourceaux,
Et sans habits, sans feu, presque sans nourriture,
Il enviait souvent leur sort et leur pâture.

Mais le remords naissant dans son cœur criminel,
Il se prit à songer au foyer paternel,
A ce toit où régnaient la paix et l'abondance,
Et qu'il avait quitté dans sa folle démence.
C'en est fait, se dit-il, je partirai demain !
Il arrive.... Son père était sur le chemin,

Que ne devine pas le cœur tendre d'un père ?
Celui-ci l'attendait.... Il l'embrasse, il le serre....
Son fils est à ses pieds... Dans mes bras ! dans mes bras !
Dit-il, et sur-le-champ apprêtez le veau gras !
Des anneaux à mon fils ! une robe de soie !....
La plus belle..... la mienne.... et soyons dans la joie !
Or, le fils premier-né s'approchant dit : Pourquoi,
Père, ne fais-tu pas tant de choses pour moi ? —
Ne t'en afflige pas, mon enfant, dit le père,
Et comme nous, ici, viens et fais bonne chère !
C'est un jour d'allégresse et de félicité,
Car ton frère était mort, il est ressuscité ! »

Ainsi parlait le Christ. Et moi, pauvre poète,
Qui me fais aujourd'hui son indigne interprète,
Vingt fois, à ce récit qui rouvre mes douleurs,
Attendri, j'ai mouillé la page de mes pleurs,
Je suis ce fils puni, je suis ce fils rebelle
Qui regrette trop tard la maison paternelle.
Ah ! si je puis jamais y retourner un jour,
Mon Dieu, fais que mon père, ému de mon retour,
Quand tremblant à ses pieds je verserai des larmes,
S'écrie, en oubliant mes torts et ses alarmes :
C'est un jour d'allégresse et de félicité,
Car mon fils était mort, il est ressuscité !

LA FEMME ADULTÈRE

Voyez ! Jésus paraît. La foule le contemple :
Il est seul et s'avance à pas lents vers le temple ;
Sa robe que n'égale aucun travail humain
Et qu'un ange sans doute a faite de sa main,
Couvre de flots d'azur les dalles des portiques
Où résonnait déjà le chant des saints cantiques.
Jamais roi revêtu de plus de majesté
N'a marché dans les murs de la sainte cité.

Il s'arrête... Chacun et le presse et le touche !
Il parle.... C'est du miel qui coule de sa bouche !
Avides de le voir et d'entendre sa voix,
Des groupes animés l'entourent à la fois,
Disant : C'est le Messie ! ou bien : C'est un prophète !
Une troupe d'archers pénètre dans la fête ;
Ces hommes, ô prodige ! à l'aspect de Jésus,
Par un céleste frein tout-à-coup retenus,
Saisis d'étonnement, les yeux remplis de larmes,
Au lieu de l'arrêter laissent tomber leurs armes ;
En vain pour ce projet leur chef les a conduits,
Et quand il leur reproche aussi d'être séduits,
Ils disent simplement à celui qui les somme :
« Jamais nul n'a parlé comme parle cet homme ! »

II.

Le lendemain matin, aux premiers feux du jour,
Dans le temple Jésus est déjà de retour :
Sous ses toits embaumés la foule se réveille,
Et tout émue encor des troubles de la veille,

Autour de l'Homme-Dieu se presse en flots nombreux,
Et lui les instruisait assis au milieu d'eux.

De ses doigts de satin, l'aurore parfumée,
Semait de pourpre et d'or le ciel de l'Idumée
Dont l'azur recélait un nuage d'argent
Que la brise poussait d'un souffle négligent ;
Projetant au hasard ses formes et ses ombres,
La ville se teignait de nuances moins sombres ;
Tout s'éclairait... du haut du mont des Oliviers
Le soleil se mirait dans les eaux des viviers.
Du temple déjà même il éclairait le dôme,
Qui paraissait de loin un immense fantôme,
Et dont les piliers vus aux feux du jour naissant
Semblaient des nains groupés aux genoux d'un géant.

En ce moment s'élève une rumeur soudaine :
Une femme, qu'un gros de Pharisiens entraîne,
Tremblante, échevelée et folle de terreur,
En se couvrant le front tombe aux pieds du Sauveur.
Ses voiles, que sa main ramène sur ses charmes,
Les trahissent sans cesse et décèlent ses larmes.
C'est la femme, la femme avec tous ses appas,
La femme après la chute et vouée au trépas,
La femme avec son cœur ou soumis ou rebelle,
La femme avec ses pleurs, la femme faible et belle.
Dans son abaissement elle est charmante encor :
C'est un anneau brisé de cette chaîne d'or,
Une fleur du feston qui commence avec Ève,
Et qui, de femme en femme, avec les temps s'achève.

« Maître, dit à Jésus le chef des Pharisiens,
» Qu'encourageaient tout bas les grands et les anciens,
» Tu connais l'Écriture, et tu sais que Moïse
» A dit : En adultère une femme surprise

» Périra lapidée. Or, celle que tu vois,
» Du saint législateur a transgressé les lois ;
» Parle donc ! et dis-nous ce que nous devons faire. »

Jésus négligemment écrivait sur la terre...
Il songeait en lui-même à ces faibles humains
Qui jamais du pardon n'ont suivi les chemins.
Mais pressé de nouveau par tous ces frénétiques,
Il dit, en relevant ses yeux mélancoliques,
D'un accent qui pénètre en ces cœurs desséchés :

« Que celui d'entre vous qui se croit sans péchés
» Sur elle le premier ose jeter la pierre ! »

Et de nouveau son doigt erre dans la poussière...

On dit, et je le crois, que ce qu'il écrivait
En signes éclatants sur le sol se gravait :
C'étaient les mots sacrés d'amour et d'indulgence.

Les Pharisiens confus regardaient en silence ;
Tour-à-tour, et baissant un front triste et honteux,
Depuis les plus anciens jusqu'aux derniers d'entre eux,
Ils s'éloignent. La foule imite leur exemple,
Et Jésus reste seul sur les degrés du temple ;
La femme était toujours à genoux devant lui...
Jamais de plus d'éclat repentir n'avait lui...
Elle penchait son front comme une fleur fanée.

« Nul, lui dit l'Homme-Dieu, ne t'a-t-il condamnée ? —
» — Nul, dit-elle, Seigneur ! — C'est bien, répond Jésus,
» Alors relève-toi, femme, et ne pèche plus ! »

LA RÉSURRECTION DE LAZARE

Sur un des verts penchants du saint mont des Olives
Est un hameau qui dort parmi des sources vives.
A voir ce bourg assis au milieu des roseaux,
On dirait le nid frais des fauvettes des eaux.
Il cache sous les fleurs ses terrasses légères ;
Mais ainsi qu'au printemps on voit les primevères
Poindre modestement sous les derniers frimas,
Attirant des regards qu'elles ne cherchent pas,
Ainsi de ce village on voit les maisons blanches
Montrer dans le lointain leurs toits parmi les branches.
C'est Béthanie... Alors ce bourg aimé des cieux (1),
Ce hameau parfumé, vert et silencieux,
Au saint jour où chacun et prie et se repose,
Voyait dans la saison qui fait fleurir la rose
Des filles de Sion le gracieux essaim
Venir chercher la paix et l'ombre dans son sein.

Le Christ, s'il n'avait pas où reposer sa tête,
Trouvait à Béthanie une sûre retraite :
La maison de Lazare à ses souhaits s'ouvrait,
Marthe servait Jésus, et Marie écoutait.

---

(1) Béthanie est éloigné de Jérusalem d'une demi-lieue. Sa situation est au levant de cette ville. Jésus-Christ a illustré ce bourg par les visites fréquentes qu'il a rendues à Lazare et à ses sœurs. Marthe lui préparait à manger avec beaucoup d'empressement et de zèle, et Marie versa sur sa tête un vase rempli de parfums précieux. On montre encore aujourd'hui les ruines du château où l'Homme-Dieu a logé, ainsi que le tombeau de Lazare : c'est une grotte souterraine.

Au milieu du chemin de Jérusalem à Béthanie est le lieu où l'on croit qu'était le figuier qui fut maudit par Jésus-Christ, parce qu'il n'y trouva que des feuilles, insinuant par là qu'il traiterait avec la même rigueur ceux qui se contenteraient de rapporter des choses temporelles au lieu des fruits mûrs pour l'éternité.

Heureux temps !.. Tout-à-coup dans la fraîche bourgade
Il n'est plus de bonheur, car Lazare est malade,
Lazare, le disciple et l'ami de Jésus !...
Ses sœurs, Marthe et Marie, en soupirs superflus,
Ne perdent point de temps, et pleines d'espérance,
Pleines de foi surtout dans sa toute-puissance,
Vers celui qui les aime elles envoient soudain...
Jésus était alors au-delà du Jourdain ;
Mais il semble qu'en vain l'amitié le rappelle ;
Il reçoit sans regrets cette triste nouvelle ;

Pendant deux jours encore il reste au même lieu,
Disant : « Tout s'accomplit à la gloire de Dieu ! »
Son esprit paraissait ému d'une autre idée.

Enfin, il dit aux siens : « Retournons en Judée !
» Je vais le réveiller, puisque Lazare dort. »
Et puis ouvertement il leur dit : « Il est mort !
» Mais pour l'amour de vous j'en ressens de la joie ;
» Car sa mort est venue afin que chacun croie. »

Or, lorsque le Sauveur marchait vers le hameau,
Lazare était depuis quatre jours au tombeau ;
Et de tous ses amis la foule désolée
Mouillait de pleurs brûlants le triste mausolée.

Les deux sœurs, apprenant l'approche du Sauveur,
Volent à sa rencontre et lui disent : « Seigneur,
» Que n'êtes-vous venu ? Lazare notre frère
» En ce moment, hélas ! ne serait pas en terre ! —
» Il ressuscitera ! leur répondit Jésus. —
» Au dernier jour, dit Marthe, avec tous vos élus. —
» A croire fermement, Marthe, je vous convie :
» Quiconque croit, verra ; c'est moi qui suis la vie ! »

Marie aux pieds du Christ était près de sa sœur ;
On lisait sur son front une tendre douleur
Qui semblait à ses traits donner de nouveaux charmes.
Jésus à cet aspect laisse couler ses larmes ;
Il frémit en lui-même... et va vers le tombeau.
Une fétide odeur s'exhalait du caveau
Dont la lampe déjà n'avait plus de lumière...
A l'ordre de Jésus on soulève la pierre...
La foule avec respect se tenait sur le seuil...
Lazare était gisant lié dans son cercueil !

Alors levant les yeux, le Seigneur dit : « Mon père,
» Merci, vous avez fait ce que ce peuple espère !
» Pour moi, je le sais bien, vous m'exaucez toujours ;
» Mais si j'ai demandé votre puissant secours,
» Si je viens à la tombe arracher sa victime,
» C'est pour donner au peuple un spectacle sublime,
» Et pour hâter le jour de sa croyance en moi :
» Écarte ton linceul, Lazare, lève-toi ! »

Lazare, abandonnant sa couche funéraire,
Se dresse en secouant un humide suaire !
On le délie... il marche... et rempli de stupeur,
Il va tomber priant aux genoux du Sauveur !

. . . .

Le miracle éclatant vole de bouche en bouche
Et va troubler Caïphe en sa splendide couche ;
Ce pontife aussitôt appelle les anciens
Qu'il assemble en conseil avec les Pharisiens ;
Par un arrêt de Dieu sa lèvre est inspirée,
Et la mort du Sauveur résolue et jurée.

Victime destinée au plus sublime autel,
Jésus pendant ce temps était près de Béthel (1)
Puisant dans la retraite une force inconnue,
Car ses jours sont comptés et son heure est venue.

Alors le Fils de Dieu, l'enfant de Bethléhem,
L'holocauste divin marche à Jérusalem,
Jérusalem qui tue, a-t-il dit, les prophètes,
Et qui dans ce moment se prépare à des fêtes.

Des fêtes ! O Sion, homicide cité,
Pleure, pleure plutôt sur ta perversité !
Profite si tu peux des instants qui te restent
Et reconnais le Dieu que tant de faits attestent.
N'entends-tu pas ce bruit qui vient de Jéricho ?
Des miracles récents c'est encore un écho...
Revêts-toi d'un cilice et couvre-toi de cendre...
Pleure, pleure, te dis-je, et puisse Dieu t'entendre !

---

(1) Béthel, de la tribu de Benjamin, au levant de Sichem ; elle se nommait Lusa. Ce fut Jacob qui lui changea ce nom en celui de Béthel à la suite d'une vision qu'il eut en ce lieu. Lorsqu'il fuyait la colère d'Ésaü, Jacob versa de l'huile sur la pierre qui lui avait servi d'oreiller et la voua au Seigneur, promettant d'en faire un autel à son retour, ce qu'il exécuta après avoir enseveli sous un térébinthe les idoles que ses gens avaient apportées de Mésapotamie.

Ce fut en ce lieu que les démêlés survenus entre les bergers d'Abraham et ceux de Loth obligèrent ces deux hommes à se séparer.

Cette ville fut aussi longtemps le siége de l'idolâtrie, et elle était encore plongée dans ses ténèbres au temps d'Élisée : ce prophète y fut insulté par deux enfants et vengé par deux ours qui les déchirèrent.

Avignon — Impr. adm. Gros frères.

www.ingramcontent.com/pod-product-compliance
Lightning Source LLC
Chambersburg PA
CBHW070456080426
42451CB00025B/2762